Y si fuéramos nosotros…

Marc Anstett

Y si fuéramos nosotros…
Pequeño elogio de un tango de los sentidos

Ensayo

Traducido del francés por Daniela Alejandra Aguilar

BoD

Fotografía de tapa: © 2016, Michel Demas
Marc Anstett y Hélène Hardouin
(Festival Le printemps du tango à Mulhouse)

© 2016, Marc Anstett
Traducido del francés: Daniela Alejandra Aguilar
La versión francesa se publicó en septiembre 2011,
con el título « Et si c'était nous » (Bod)

Edición: Bod-Books on Demand
12/14 rond-point des Champs Élysées
75008 Paris, France

Sobre la traducción[1]

Conocí a Marc Anstett en la milonga de Mulhouse cuando llegué a Francia. Inmediatamente pude apreciar su pasión por el tango y su visión particular del mismo. Cuando me propuso traducir este libro, supe que sería todo un desafío, no solo por el hecho de hacer la traducción, y la complejidad que conlleva, sino también porque debía introducirme en una mirada, en una forma de ser... ponerme en los zapatos de un hombre, y específicamente de un hombre "extranjero" que baila tango, y olvidarme de mi "perspectiva tanguera argentina" para empezar a sentir esta música desde el otro lado del Atlántico....

Así, pude percibir un tango apropiado por los europeos con sus fantasías, sus vivencias, sus interpretaciones. Un tango individual y colectivo. Un reencuentro con nosotros mismos y con los otros mediante las emociones a flor de piel, que se abren como pétalos para revelarnos.

Como afirma mi colega Segovia Monti[2] *"Marc Anstett nos transporta a un mundo nostálgico donde las pulsiones, los latidos de las orillas, conviven en el arrabal. El ritmo del dos por cuatro se confunde con los pasos, y las siluetas se dejan llevar por los acordes y el suave arrullo de un bandoneón".*

Es el tango, como arte que sublima el cuerpo y el alma, el que nos abraza en este libro, en cada frase... recordándonos que lo mejor de cada uno está en cada uno... a la espera de ser entregado a otro en una tanda... solo basta con escuchar la música que resuena al compás de nuestro sentir.

Daniela Alejandra Aguilar, septiembre 2016

---

[1] Al final del libro los lectores podrán encontrar un mini-léxico para los términos específicos a media que éstos van apareciendo en itálica a lo del texto.

[2] Carlos Monti (Segovia Monti) nació en 1961, ciudad de Sáenz Peña, Buenos Aires, Argentina. Escritor de cuentos novelas y poesías.

Prefacio

A las almas gemelas de mis tangos

No podría decir que lo sé todo. Mi visión del tango argentino es totalmente subjetiva y masculina, como la que muchas veces dirigí hacia ustedes, compañeras de mis danzas y emociones. Lo que escribo aquí no es un ensayo sobre la técnica del tango. Es un testimonio emocional, fruto de una voluntad partidaria. Éste se expresa a través de una experiencia artística con la música y el teatro, disciplinas complementarias que forjan mi sensibilidad desde hace más de cuarenta años.

¿Podrán reconocerse a ustedes mismos aquí y allá, a través de esta mezcla de sentimientos? Tuve la suerte de estrecharlos cariñosamente contra mi corazón durante el tiempo de algunas tandas que permanecen vivas en mi memoria…

« Lo bueno ya no es de nadie...»
Jorge Luis Borges

Sos fina, ligeramente dorada por el sol. De talla media. Totalmente vestida de negro, como yo. Este negro a la vez sobrio y elegante, que resalta tan bien los rostros y las manos. Estás sentada justo en frente, del otro lado de la sala. Nuestras primeras miradas son determinantes. La impresión de estar en presencia del alma gemela. Armonía inexplicable. Complicidad inmediata. Y es, sin embargo, nuestro primer encuentro.

No bailamos inmediatamente. Poblamos esta deliciosa espera con algunas miradas furtivas que se intercambian como ráfagas de viento. Atraviesan el espacio que nos separa como rayos de luz para alcanzarnos con el corazón lleno. La pista es animada por una tanda de *milongas* rápidas que se terminan. A través del torrente de *tangueros* que vuelven a sus sitios, nuestras miradas convergen, mis ojos se encierran en los tuyos, y los tuyos se funden en los míos. El contacto está establecido sin ninguna vuelta atrás. Hago un pequeño signo con la cabeza al cual respondés. Nos levantamos entre la multitud, para lanzarnos por fin, uno hacia el otro, uno para el otro.

Desde la primera melodía, los primeros estremecimientos. Sensación de bienestar, de armonía instintiva. Nuestros cuerpos se encuentran en un abrazo que recibís plenamente abandonándote contra mi pecho y muy rápidamente nuestro abrazo se vuelve un reconocimiento, casi una declaración, como un acto de amor caído del cielo a la velocidad de la luz, en esta sala que ignora nuestra emoción y nuestro mundo interior que está eclosionando como un ramo de flores silvestres.

No hay nada que decir. Solamente sentir. Porque todo se sitúa al nivel de los sentidos. Dejarse llevar, dejarse mecer por el soplo de un bandoneón que respira un aire nostálgico, quedar los dos permeables al torbellino inquietante que nos recorre, a los perfumes mezclados que nos embriagan. Vivir la magia del instante, deleitarse, impregnarse, sumergirse con delicia en este oasis escondido en el medio del desierto.
Bailar.

Tu piel morena. Ojos sombríos, de terciopelo. Tu cuerpo hecho justo a mi medida. Tu caminar es sublime, esbelto. Fluido y bien anclado al suelo. Estás atenta al mínimo detalle, confiada, relajada, flexible y receptiva. Mis pasos en los tuyos, el aliento cálido de nuestras bocas... una en la otra – a veces demasiado cerca – tus labios entreabiertos... tu nuca exquisita... tus cabellos de azabache, tus ojos, tu pecho contra el mío... Todo lo recibo. Nos fusionamos a una velocidad asombrosa. Nadie había pedido nada y sin embargo, mirá vos, acá estas, Alma Gemela. Nada va a ser como antes entre nosotros, lo sabemos de antemano, aunque ninguna palabra haya sido pronunciada, porque en el tango son los cuerpos los que hablan…

Después de una serie de valses, nuestra primera separación circunstancial. Quebrantar nuestro voluptuoso abrazo, romper el anillo mágico, evadirse tal vez, para volver a sentarse y respirar. Un corte tan necesario antes de ir hacia otra compañera, en este juego, para continuar bailando – de otra manera – porque ese momento sensual que nos unió fue único y precioso. Es el que todos nosotros buscamos en la pista, eternamente. Es por eso que venimos a las milongas, impulsados por nuestros deseos más ardientes. Nos reconocimos en esta búsqueda, física, táctil, amorosa, para confundir nuestros seres y navegar sobre esta música de nostálgica belleza.

Tomar aire, con corazón y cuerpo todavía llenos de esta carga emocional y presentir cuando será de nuevo nuestro próximo abrazo – Alma Gemela caída del cielo… Ya te extraño – abrazo que va a generar sentimientos, de manos y de pechos fusionados, de alientos cruzados, de piernas y de muslos rozados. Otra vez nos meceremos en la música, te guiaré en esta búsqueda y me traducirás el tango que dará forma a este trayecto delicioso en el espacio, con elegancia y sin cálculo previo... Sin pedirnos ni siquiera nuestra opinión, pero con benevolencia, para otros giros en un carrusel emocionante, porque en el tango el cuerpo es el primero que decide.

Parecés tímida y frágil. Alta, aunque no me haya dado cuenta enseguida. Tus zapatos con tacos bajos no son aquellos que se usan para esta ocasión. En el mundo del tango argentino, especialmente en Europa, el zapato tiene un rol importante, para no decir preponderante. Es en ellos donde se reconocen a las principiantes. En sus zapatos. Más tarde, con el aprendizaje y el ritual, el pie se afina, los zapatos resplandecen, y toda la silueta se alarga con gracia y audacia trasladándose sobre estos tacos legendarios. Sí, como todas las demás, un bello día lustraras la insignia de tus pies gracias a tus zapatos de princesa, objetos de todas nuestras miradas, los hombres, las mujeres, y encontrarás allí un nuevo equilibrio. Cuando estés allí, ciertamente vas a ser demasiado eminente para mí. Me voy a sentir enano frente a tu belleza magnificada. ¡No percibirás de mí más que mi cabeza pelada! Y nuestro abrazo perderá ahí, tal vez, un poco de picante.

Error monumental, porque con el tiempo nada cambió. Nuestros cuerpos continúan poniéndose de acuerdo a pesar de nuestras diferencias, tus zapatos no son más los del principio. Tu silueta se volvió más elegante, los meses pasaron, los bailes también y las noches se encadenaron en un ritmo constante. Nuestros cuerpos se fusionan ahora con más complicidad y más placer. Encontramos nuestro compás justo, cada vez más armonioso en esta partitura que jamás se termina. Ojalá que esto dure.

Una gran bailarina argentina dijo "que jamás ha sabido si verdaderamente había una relación entre el tango y la vida, pero entre el tango y el amor, sin duda alguna". Para algunos de nosotros, en las milongas, esta frase no tiene ningún sentido, es sólo un mito, incluso un acertijo de una dramaturgia desmesurada, en todo caso algo inaccesible.

Para los que lo comprenden en estos términos, el tango no tiene que ver nada con un acto de amor y su abrazo no es uno. Al verlos bailar, parecen más bien observarse el uno al otro – casi con desconfianza – fuera de todo abrazo significativo. Se eclipsan encerrados este sistema defensivo, para protagonizar un papel frente a un público o frente a ellos mismos posiblemente, no sé, como gesticulando una obra de teatro ilusoria, que no es más que un espejismo. He encontrado bastantes de estos personajes, cortados por la misma tijera…

Tango, sos el reflejo perfecto de nuestra capacidad de amar, de compartir nuestros sentimientos y nuestras emociones a través de la música pero decir sólo esto es poco, hay otra cosa. "El tango puede discutirse y lo discutimos, pero encierra como todo lo verdadero un secreto" nos dice *Jorge Luis Borges*. Siento que en vos se esconde este don de lo invisible y de lo indecible, este corazón común que palpita para nuestra sangre unida, que nos mece y nos emociona como niños en el pecho nutriente de nuestra madre, más allá de la música, más allá de la danza. Sí, ciertamente hay una relación entre el tango y el amor, para citar de nuevo a esta gran bailarina de mediados del último siglo, *María Nieves Rego*. Algo que nuestros cuerpos buscan y reconocen en el acto cuando una magia surge embrujando al corazón, algo que emocionalmente nos guía en este abrazo efímero, pero profundo… esta fluidez que nos fusiona el uno en el otro con pasión en el seno de una misma energía.

Para algunos de nosotros, será necesario usar anteojeras un cierto tiempo – posiblemente eternamente – sin animarse a ver esta verdad de frente. Por lo visto, no están dispuestos aun a bailar con su corazón, en el placer y el abandono o en el calor de los torsos enlazados, y posiblemente todavía menos a conectarse a través de sus sentidos. ¿Llegarán allí un día? Es probable, con el tiempo. Aunque tal vez no, por la suerte (o mala suerte) que nos tocó en la selección natural de la vida, el tango no fue hecho para todo el mundo…

Vos, alma gemela de acá o por otra parte – que no quiero ni puedo nombrar, porque sos la suma de todas y la singularidad de cada una – te volvés mucho más hermosa. ¡Claro que tu belleza está en mis ojos! Y todo el mundo no tiene mis ojos… ¡Pero está también en los tuyos! Y todo el mundo no tiene tu forma de mirar… ¿Ves cuánto el tango nos transforma? ¿Sentís cómo nos da forma y nos transporta a un mundo sensorial, libre de nuestra sacrosanta identidad sociocultural, de nuestro peso anual en dólares, de la jerarquía, de poderes maléficos o cuotas de mercado? El tango nos transporta por las sendas de un jardín sensual donde nuestros cuerpos van a ser siempre los únicos en tomar verdaderamente la medida de las cosas, con sus historias íntimas reveladas a cada paso, sus febrilidades conmovedoras, sus fuerzas audaces, sus cargas emocionales, pero también sus heridas, sus cerrojos y sus llaves. Un universo donde las parejas se hacen y se deshacen para vivir amores efímeros y secretos en grados más o menos intensos, aunque constantemente sean expuestos a la mirada de los otros.

Una bailarina argentina nos confió un día que "bailar el tango, era como hacer el amor" y una bailarina italiana nos dijo que en la intimidad que nos proporciona el tango, hay esta parte aceptada de adulterio legal vivido en plena luz… Decenas de jardines secretos florecen en aventuras sobre la pista de estos amantes de una noche, de una hora, o de algunos minutos, enlazados voluptuosamente para una tanda o dos y a veces para mucho más. Parejas comprometidas en una ronda envolvente, sumergidas en intimidades compartidas sin cesar renovadas por el juego de la música y del intercambio. Es un verdadero momento de paz en comparación con el gran bazar que colma el mundo exterior. Un espacio preservado de vida, como una reserva o comunidad cerrada al estilo argentino, isla de la última posibilidad, incluso de la primera. Ciertas mujeres y ciertos hombres se mecen ahí por fin, el uno al otro y finalmente se desarrollan como polluelos en un cálido nido. Otros continúan revoloteando por todos lados, con más o menos armonía, disposición u ocurrencias, electrificando el espacio por aquí, buscando impresionar a los otros por allá, para otro recorrido, para otro discurso.

Milonga, sos un tesoro curioso mezcla de hombres y de mujeres en busca de placeres diversos y de emociones varias. Ambos parecen unificados en su diversidad en tu pista de baile, gran cuadrado de madera, tablero de ajedrez mágico y sutil de todas tus pasiones. Ahí, cada uno es propenso a compartir su fuerza vital o a reproducir su soledad. Cada uno puede brillar por sí mismo o romper el encanto. Vivimos lo que podemos, lo que nos hemos dado, lo que supimos tomar o no tomar. Descubrimos tanto la verdad como la mentira. Expresamos en la milonga tanto los deseos como las frustraciones, la gracia, el ardor, la desesperación, el calor humano o la fiebre enamorada. Cada uno se abandona en la intimidad o se entrega en la exhibición con toda la complejidad de su ser, en la multiplicidad de encuentros fugaces o en la profundidad de bellos abrazos llevados por la música, muchos de ellos a veces cálidos y suaves, y otros picantes, obstinados y orgullosos como hidalgos. A veces nos perdemos ahí en la oscuridad de una nada personal.

Es un baile por y para la vida donde lo femenino y lo masculino se combinan y se conjugan al infinito, se funden y se confunden. Ahí nos observamos, nos acoplamos tiernamente, nos desafiamos con frenesí, nos comprometemos con sentimiento, ahí nos desencantamos con amargura. Es para mejor o para peor. Milonga, vos sos a veces el micro-cosmos ingenioso para una terapia reparadora de los cuerpos soñolientos y de los espíritus febriles. Porque en tu ronda, la vida empieza de nuevo poniéndonos a todos en equilibrio, reorganizando nuevas relaciones entre los seres, a través de una inteligencia sensorial fundamental y sentimientos que se expresan unas veces de manera femenina y otras veces de forma masculina, pero siempre en plural.

"Bailar el tango, permite reflexionar sobre la problemática de los géneros en la relaciones de hombres y mujeres", decía uno de estos numerosos psicoanalistas porteños del barrio Freud de Palermo.

Solo, en el borde de la pista, con la mirada hipnótica como cuando se mira al fuego. Observo los giros, los pívots, las diferentes caminatas y robo algunos sentimientos revelados en los rostros de las mujeres que pasan delante de mí, casi desvanecidas de bienestar en un abrazo que marca el tono de todo su baile. Aquí y allá, abrazos a veces firmes y a veces languidecidos, académicos, rígidos sofocantes, flexibles, glaciales, dolorosos, ingenuos, escolares, enamorados, sulfurosos.

Observo a algunos hombres protectores y atentos, otros concentrados y bienaventurados en su forma de guiar de alto nivel. Un par de amantes improvisados van y vienen bajo mi mirada pensativa, llevados por la música de un cantante argentino que añora su tierra natal y son guiados por sus cuerpos conjugados en la emoción.

Entre los amantes de la ronda, se encuentra una mujer madura, magnífica e inspirada, envuelta en una entrega noblemente sexual, con los ojos cerrados, dejándose mecer por su hombre, con los ojos y los párpados caídos, él también, pero con la apertura justa y necesaria, para discernir, sabiamente alrededor de ellos, todos los espacios posibles, con el fin de llevar allí, a su dama, en una serie de variaciones sutiles, sin romper la ronda ni quebrantar el abrazo.

Giran delante mío, llenos de sentimientos que portan una transparencia emocionante.

"El abrazo nos revela, pese a aquello que queremos esconder", nos dice tan juiciosamente *Benzecry Sabá*.

Espero. No estás ahí. Vos… Alma Gemela de todas mis emociones. Una sensación de vacío. De falta. Posiblemente esta necesidad imperativa se transforma poco a poco en verdadera dependencia…

¿Vas a venir para construir conmigo este abrazo, reconstruir o reconducir esta pieza faltante, como estos amantes de una noche que pasan enlazados bajo mis ojos? Lo imagino y lo espero ardientemente en mis sueños más puros. Si llegaras ahora, te adivinaría en medio de todo el mundo, desde tu aparición. Me discernirías también, inmediatamente, con tus pestañas batiendo. Mariposas al son del corazón. Porque aquel momento no dejamos nunca de esperarlo todos en las milongas y desde aquel primer intercambio de energías tenemos esta certeza, pero no necesitamos mostrarla, ya que, tarde o temprano en la noche – no hay apuro – el rompecabezas podría reformarse, cada pieza encontraría su sitio sin esfuerzo ni coerción, simplemente por el placer del baile y también por el amor, sin duda…

Almas Gemelas tiernas de aquí o de otra parte, jamás hablamos de amor. No hace falta ¿Para qué?, bailamos. Decenas de veces. Centenas. Alguien dijo también que "el tango era el primer baile de pareja en el cual no se hablaba." El tango argentino posee tantos de estos momentos en el que las palabras no sirven más…

¡Yo he visto, sin embargo, gente que habla constantemente, que discute, que comenta, que charlatanea o que incluso seduce, que parlotea analizando los mínimos movimientos, examinando la mecánica bajo todas sus costuras! A cada paso, los escuchaba zumbando como abejas atareadas con la colmena, murmurando en nuestras orejas, en cada encrucijada de nuestros caminos de baile, interrumpiéndose bruscamente para hablar hasta desnaturalizar toda la ronda, buscando la "razón" de todo esto, explicando con tono profesoral el porqué de la cosa – y sobre todo el porqué, no – "bailando".

El abandono no es fácil. No le es dado a todo el mundo. Es un regalo de los dioses

cuando se nos ofrece. Proporciona sensaciones tan profundas, tan inquietantes. Para algunos, no es razonable, para otros no es razonado. ¿Ves cómo hablando, muchos se quedan afuera para "no mojarse la cabeza con el agua", con el cuerpo y la emoción bajo control, para quedar sanos y salvos?
El tango no tiene ningún efecto sobre ellos, salen de él indemnes. Vos, que te me parecés, sentiste como intentaban escapar del ahogo sensorial, de sustraerse a este abrazo, sin embargo tan delicioso, y tan conmovedor, que queremos vivir siempre... en cada ocasión.

La pista no es un lugar de palabra. Hablar ahí aparece como una escapatoria para distendernos, un salvavidas para los más desprovistos. ¿Hablar como un loro y por qué no moverse como un loro mientras que se está allí? En el lenguaje pictórico de los tangueros, se los llama remeros o ventiladores, se mueven a diestra y siniestra de sus brazos como cucarachas (que si han encontrado las patitas de atrás, a diferencia de la canción). Se charla, se charla, sin dejar de gesticular o de parlotear y se convierten, finalmente, luego de tanto hablar, en predicadores de torpes lecciones. ¡Pobre Alma Gemela en soledad que esperaba un consuelo, una protección, un calor humano, una pieza mágica bailarina para una sensual, breve y tierna historia de amor de diez minutos, diez minutos apenas, que no es mucho pedir... Todo se ha desvanecido aquí y ahora en el medio del examen para obtener su diploma o comprender sus supuestos tropezones!

Encuentre el error, señor profesor...

En las milongas, muchas mujeres me causan gran efecto. Desde las más jóvenes hasta a las de más edad, desde las más voluptuosas a las más disimuladas. Las encuentro hermosas. Jamás sentí esto tan fuerte como en el tango. En la vida, no conozco situaciones donde mi mirada sea llevada tan intensa hacia tantas mujeres a la vez. Toda la magia de esas noches. Nos buscamos… Cada uno va allí con su talento, su sensibilidad, su fantasía o sus dones naturales para hacer relucir el lugar, con o sin maquillaje, torpemente o con elegancia, con conocimiento o ingenuidad, y de la misma manera que vos, mi Alma Gemela, en el medio de este ambiente expresivo, coloreado de facetas múltiples, estoy en busca de fusiones emocionales y carnales que iluminarán mi cielo mediante flashes intermitentes.

La milonga es exactamente lo inverso del gran bazar que nos rodea, ese que poco a poco nos separa, que impide a nuestros cuerpos vivir sus pulsiones o amores juntos, a causa de nuestra cultura, de la moral o de la educación, o de las heridas o decepciones que nacieron posiblemente de nuestra primera infancia. Un gran bazar insensible que no pretende otra cosa que administrar nuestras vidas y nuestros afectos a través de pantallas interpuestas. Ya he imaginado, repetidas veces, que en un mundo futurista, perfeccionista, esterilizado y desentendido de nuestros cuerpos gobernantes, la gente bailaría el tango de modo virtual con la ayuda de una pequeña pantalla situada delante de sus ojos, sustituto de una compañera o compañero de carne y hueso, conducidos con exactitud obediente, al amparo de toda perturbación de orden emocional y de toda desilusión… Una verdadera pesadilla.

Hoy, no me lanzo más ciego para bailar cueste lo que cueste como al comienzo. Pienso haber acabado con este tipo de frenesí legítimo cuando se tiene la impresión de haber adquirido los primeros galones. Aprendí a observar, con el tiempo. Aprendí a esperar el momento – el mejor momento – para no estropear nada en lo posible. Aprendí a esperar "mi" tanda, esperar "mi" Alma Gemela. Ahora, elijo. No querría desperdiciar este magnífico potencial únicamente *pour épater la galerie* (o como se dice en lunfardo, "para entretener a la *gilada*"), para turbar el silencio o para poner a prueba mis conocimientos en algún "conejillo de Indias" al paso. No querría tampoco bailar cualquier música, ni encontrarme frente a una alma en pena que busca desesperadamente a su guía de suerte. Las milongas no son unos lugares donde se viene para tomar clases o para dar un curso. Para eso, hay *prácticas*, períodos de ejercicios y profesores. Es preferible venir a la milonga con un mínimo de experiencia. Conocer ciertos movimientos de base y ciertas normas de conducta que nos van a evitar perturbar el lugar. El tango exige una verdadera implicación física y emocional. Somos portadores de potencial, pero también de fragilidad. Hay que estar allí, preparado.

Esperando a que todo se ponga en su lugar, nos podemos quedar sentados, mirando, dejando vagar los sentidos en la música y en la pista. Un ejercicio de aproximación y de reconocimiento. Es un verdadero placer para los ojos saber que hay tanto para ver. Tanto en la pista como en sus bastidores. Es una sorprendente vitrina en movimiento, reveladora de un gentío de diversas clases en la construcción del ritual. En la panoplia de sus numerosos atributos, los zapatos desempeñan allí siempre, de forma evidente, su papel principesco. Ninguna necesidad de ser hipersensible, ni de conocer la deleitable simbología del pie y de las fantasías que representan para apreciar las múltiples tendencias. Estas mismas tendencias se imponen con brillo, elegancia o encanto, tanto en el hombre como en la mujer, pero también a veces de manera ordinaria y con falta de gusto. ¿Qué decir aún de esas telas, de los adornos, peinados o siluetas en busca de invitaciones, tan amatorias en sus posturas de espera? El inventario está lejos de ser terminado. En el tango hay mucho más que sólo el baile.

Pues, ahora elijo – y ellas también me eligen –, porque queremos bailar por consentimiento mutuo y si es posible con la intención de estar compenetrados el uno con el otro. ¿Sino todo esto para qué?

En mis primeras milongas, al principio me quedaba horas sentado, sobre todo porque jamás me habría atrevido a invitar a cualquiera. Demasiado bella, fina, alta, pequeña, experimentada o demasiado profesional, en fin, la lista es larga… Ya conocía las bases, pero me cerraba a todo por miedo de desagradar, de decepcionar, de no estar a la altura, cuando en realidad lo que me faltaba era ser más justo con mis sensaciones, en lo más verdadero de mi naturaleza. Cualquiera que sea el nivel, se baila mejor siendo uno mismo y sobre todo siendo simple. Porque no hay ninguna obligación de compra ni de resultado, ni nada que probarle a nadie. Bailar poniendo toda la sensibilidad, esforzándose en ser delicado con su compañera, en protegerla para darle confianza respetando la ronda. ¿Sino, cómo transmitiríamos el famoso "guiado"? ¿A la fuerza? ¿Al azar? Al tanteo…

Yo que suelo estar más bien a gusto en cualquier situación de la vida, me encontraba al principio como un niño desprovisto, tímido y frágil. No eran más mis simpáticas amigas de las prácticas quienes estaban ahí sentadas, sino perfectas desconocidas con sus misterios, su poder de seducción, su belleza sensual o su calor humano. Ir hacia una de estas mujeres para tomarla en mis brazos de modo íntimo me parecía bastante audaz respecto a mi poca experiencia en el tango. Un día, me lancé – con un tipo de coraje inesperado – y para mi gran sorpresa algunas de estas desconocidas me recibieron, y éstas no fueron pocas. Las alas me crecieron en una noche. Con la fortaleza de este gran paso hacia adelante, invité con más seguridad, para luego tomarme el tiempo de sentir las cosas, para aprehenderlas. Algunos años han pasado y ahora elijo. Esto no quiere decir ponerme al resguardo del riesgo o que me vuelva elitista, no tiene nada que ver. Quedo abierto a todas las aventuras, desde las más improbables, hasta las más peligrosas. De hecho, tengo la impresión de escoger cada vez mejor, porque entre la multitud bailo cada vez mejor, es decir a mi medida. Y ahí, todo el mundo gana: el tango, la ronda, mi compañera, y yo mismo. Esto no es más una cuestión de nivel técnico. Se convirtió en algo intuitivo y sensual. Y en ésta evolución de las cosas, las mujeres cálidas y simples parecen tener más sintonía con mi necesidad de compartir la música y el abrazo y con lo que yo siento al bailar.

Al mismo tiempo, ciertas mujeres técnicas me parecen muy expuestas a la desmesura o al perfeccionismo.

En la multiplicidad de elecciones está también la de los bailes. El vals concuerda mejor con un cierto tipo de bailarina, el tango con otro, y lo mismo ocurre en las milongas, más rápidas y más festivas. Para mí, que soy músico, la música tiene una importancia enorme, y no únicamente por la emoción que generan en la danza. Determinan la atmósfera de toda la milonga y no es raro que algunas noches basculen en el aburrimiento a causa de un *musicalizador* que está desfasado o con el tango o con el momento. En cuanto a ciertos estilos de música que invaden las pistas con una pesadez rítmica y melódica siguiendo las corrientes de moda, no valen más que aquellas otras que extienden su ingenuidad melosa y de baja gama irrelevante… Los bailes de tango argentino deben seguir siendo polos de resistencia y no dejarse llevar por modas. De otro modo, pasarán con ellas.

Llegué al tango por la música. Es ella quien me dio la apertura a las sensaciones que siento ahora en el baile. Esta música tan particular, impregnada de una nostalgia conmovedora y de una expresión sensible, ambas portadoras de historias humanas que atravesaron el tiempo. Así, como en otros estilos, los músicos se apropiaron de las raíces de este universo de colores singulares para desarrollar sus propios temas, prolongarlos o hacerlos brillantes. Se inscribieron así en las grandes corrientes culturales.

Otros siguieron un camino menos sutil y más comercial desnaturalizando la materia hasta empañarla.

En fin, escucho, observo, y elijo en consecuencia, con toda libertad. El resto sigue, o no sigue. Si el tango funciona por fases, debí atravesar estas etapas necesarias. Cuanto más bailo, más siento. Cuántas etapas quedan aún por descubrir: humanas, emocionales, técnicas. Pero ya no soy lo suficientemente ingenuo para creer que son las barreras técnicas las que plantearán más problemas. Gran número de tangueros llegan bastante rápido a moverse con figuras más o menos complejas, pero es raro ver aquellos que lo hacen con la música, con elegancia y que tienen un compromiso real y emocional en el abrazo.

En esta gran escalera que subo peldaño a peldaño y al respecto de todos los desengaños o de todas las alegrías que me esperaron en cada descanso, observé siempre una cosa inmutable: las más grandes bailarinas – las mejores – son siempre las más generosas. Ellas resaltan el potencial de cada uno, por más pequeño sea, por más oculto que este, mediante el refinamiento que nos inspiran y el modo en el que nos descifran. Podremos siempre contar con su escucha si nos comprometemos con emoción y sinceridad, ya que no son proezas técnicas lo que ellas necesitan. Sin duda, no tienen que hacer un ajuste de cuentas ni con el tango, ni con la existencia, ni menos con los hombres. He aquí una de las riquezas más bellas del tango argentino, que es la de poder unirnos en las diferencias.

Sin embargo, mientras que en algunas milongas nada funciona como debería, otras nos transportan al nirvana. Más que nuestra aptitud para bailar, es nuestro estado interior el que nos otorga mucho más. En el corazón de la alquimia, es él quien cocina la poción mágica a hurtadillas, esparciendo sus esencias y sus hierbas aquí y allá, con tacto o con torpeza, con el fin de unirnos para lo más emotivo pero también a veces para lo más duro. Venimos raramente a bailar dejando nuestra vida en el closet. Sin embargo, al cabo de algunas tandas, la magia se instala y nos transporta…

Luego de un *cabeceo* a un alma gemela imaginaria, si esta invitación con la cabeza es aceptada, disfruto los segundos de adorado silencio que preceden el abrazo. Algunos viven este acercamiento como algo puramente práctico. Van el uno hacia el otro y se juntan enseguida sin la menor precaución, arrancando sin haberse tomado el tiempo de sentir el instante del encuentro y todavía mucho menos el contenido musical. Representa, sin embargo, un puente delicado, cargado ya de múltiples emociones. Nos escogimos, vamos a reunirnos, vamos a estrecharnos, sin siquiera conocernos o al menos tan poco – esto no puede ser insignificante en el marco del tango – y avanzamos el uno hacia el otro, intercambiando miradas furtivas, desde lo alto de nuestros zapatos, con delicadeza, con esta aprensión y este deseo por la danza que vamos a construir y a vivir juntos y que queremos vivenciar en el corazón de esta ronda argentina.

En ese estadio, todo es todavía posible en ese sueño que se dibuja. Nuestras miradas se miden con un tipo de pudor. Nuestros bustos se acercan despacio, nuestras manos se juntan, nuestros cuerpos entran en contacto. Nos perdemos de vista con el fin de que nuestros rostros se unan tiernamente por sus mejillas, y el primer paso nos lleva en la música.

Este instante es en sí mismo la quintaesencia del baile que va a seguir. Si este provoca una emoción real, entonces nos haremos uno en nuestro calor comprartido y en el prolongamiento de nuestros cuerpos enlazados entrelazaremos nuestros pasos, uno con el otro, en un caminar sensible fusionado. Puesto que el tango es una caminata… ¡aunque a veces no camine!

Es tarde. No quedan más que algunas parejas en la noche. Estoy sentado en el borde de la pista, hipnotizado por este fuego musical que se consume en la penumbra crepuscular, enrojeciendo con brasas incandescentes. Es el calor que todavía se incuba, revelando en su intensidad los perfumes de los fuegos artificiales desvanecidos en nuestros cielos en el decurso de las horas…

Por fin, estás ahí. Mi Alma Gemela de fin de trayecto. Aquella en la cual no creía más. Aquella que no esperaba encontrar a esta hora de la noche. Creí que moriría de tristeza, o de abandono…
Todo se vuelve luminoso: estás ahí. Vos.

Solo vos podés cambiar la manera de mirar toda una noche. Sabés... esas noches melancólicas, tristemente huérfanas de tangos sensuales y de valses ligeros, ambos conocemos el secreto. "Un único ser falta y todo esta despoblado" como se escribió un día, sin duda para que lo entendamos nosotros, los constructores del sueño. No quiero decir que estoy enamorado. No, por supuesto, y sin embargo ciertos ingredientes están presentes, más allá del simple placer de estos reencuentros tardíos. Porque hay una memoria de nuestros cuerpos y de sus fusiones que nos atraviesa, como es el caso de los amantes verdaderos. Nuestros cuerpos guardaron el recuerdo de lo que ya sintieron juntos y nos lo reenvían sutilmente. Desde los primeros pasos, nuestro abrazo es una evidencia y la música nos inflama con su fuego pasional. Podemos encontrarnos después de semanas incluso meses de ausencia, nada cambia, nuestros cuerpos se abrazan como si hubieran dejado sus huellas uno en el otro y si... bastaba con reunirlos de nuevo como un molde y su modelo que encajan a la perfección, cada uno es el vacío y el llenado del otro a la vez. Te siento vibrante y fluida contra mí, me sientes protector y atento, tu pecho dulce contra mi pecho, liberado de toda coraza, no estás ni desconfiada ni ausente, te entregás al canto de un violín cuyo *rubato* tiene acentos gitanos rusos, a un bandoneón melancólico que llora a pulmón lleno, te protejo tiernamente en nuestra caminata fusionada. Sí, te protejo y te amo, a vos que no tenés ojos en la nuca y que marchas a ciegas, conmigo, ofreciéndome toda tu confianza…

Aquellas sensaciones, no podía tenerlas al principio, cuando hice mis primeros pasos. Las presentía y estaba dispuesto a vivirlas a fondo, oh sí, pero sin tener acceso a ellas. Me faltaba una llave. Resultado de una muy mala postura, demasiada ancha, alejada, rígida, académica, demasiada desconfiada. Una postura en total desfasaje con el objeto de deseo en la que solo se puede mirar escolarmente los pies que barren el suelo con torpeza – cabeza baja y espalda convexa – sin ninguna fusión en los pechos, pero con todo en los brazos. Estamos solos y bailamos uno frente a otro – o más bien uno al lado del otro – con los ojos, pero tan poco con los sentidos. Una técnica de aproximación "especial para inhibidos", decimos, alzando la bandera en pos de un método que parece edificante, hasta hablar de abrazo abierto... Pero vos y yo sabemos que el abrazo, por definición, sólo puede ser cerrado. ¡Si no es así, es porque hay algo más en ese lugar, algo menos temible! ¿Un vacío posiblemente, esperando ser llenado...un almohadón de luz para seres galácticos quién sabe? ¿Pero nosotros, los terrícolas de carne y de corazón, por qué tendríamos miedo de imaginar nuestra fusión en vez de vivirla plenamente, bien anclados a la tierra? ¿Qué nos impide desde los primeros pasos no sumergirnos por completo en esta fuente de emoción y de intimidad impulsada por la música? Es, sin embargo, la base y la razón de ser del tango, la única – a menos de estar en escena para hacer una demostración de danza con otros fines – la única que puede construir poco a poco este juego sutil, este juego comparable al amor, con sus trampas y sus tesoros escondidos, debemos saberlo desde el principio. Si no hubiera querido este contacto tan sensual con vos, no habría elegido el tango. Habría practicado la pesca, habría jugado a la petanca, o a lo mejor posiblemente me habría lanzado al baile acrobático con el objetivo de romper con toda ambigüedad.

Esto quiere decir que en el tango hay dos tipos de principiantes. Los que son principiantes en el baile, y los que son principiantes en la vida… He aquí una verdadera diferencia entre todos nosotros. La única que verdaderamente merece que nos detengamos allí durante el aprendizaje, porque plantea las cuestiones de fondo, las únicas, las indicadas para liberar nuestra sensibilidad y nuestra creatividad. De esta manera, ¿podemos imaginar a un profesor que plantee esta pregunta capciosa para sus alumnos?: "¿Usted está de qué lado? ¿El de la vida o el del tango?" Hablando en serio, sí, podríamos imaginarlo muy bien, pero esto sería en el marco de otra enseñanza, que no pretendería mostrarnos solamente pasos y figuras.

Si el tango evoluciona en el decurso del tiempo, su enseñanza debería también poder seguir el mismo camino. Salvo porque hay un obstáculo posible para esta evolución: negándose a "surfear" con los compromisos, alumnos y profesores corren peligro de perder allí tanto seducción como placer fácil e inmediato…

Siempre presentí que se podía experimentar el tango sólo partiendo de un estado emocional y de una voluntad de fusión. Éstos son los primeros elementos que se deben poner en su lugar y que se deben procurar sentir. Es a partir de su emergencia – previamente a su aceptación – que el movimiento puede encontrar prolongamientos que son sensuales y sensitivos, porque desde ese momento, se deja de ser una caracola vacía. Es una búsqueda parecida a la que se hace en el arte dramático. Y a partir de estos fundamentos emocionales, en el tango, nadie más es único comandante a bordo en este navío hacia la danza. No hay hombres "tan poco sensibles" que dirigen de un lado y mujeres "tan femeninas" que obedecen del otro, porque este concepto va en contra del tango en sí mismo. Si hubiera sumisión de una de ambas partes, esto se sabría y perderíamos al mismo tiempo la riqueza de esta pareja fusionada donde cada uno se expone desarmado delante del otro, en estado de gran fragilidad, pero consciente de una responsabilidad común. Ésta es la esencia misma del tango argentino. Es su carne, su corazón y su sangre. Podría ser también nuestro tronco común en la vida. Aquel que debió fundar la historia y las relaciones humanas. Somos unos seres complementarios, dotados de facultades consensuales. Desde los tiempos remotos, gran parte de nosotros procuró unirse en el calor fraternal o amoroso de un abrazo. Desgraciadamente, muchos se extraviaron allí. Sus preocupaciones esenciales quedaron basadas en la idea de un poder de unos sobre otros.

Sabemos vos y yo que el tango – en su expresión más noble – no vive a través de las mismas reglas que rigen hoy el gran bazar que nos rodea. Sabemos que al contrario, que el tango las pone en en cuestión con muchísima gracia y pertinencia. ¡Es él mismo una verdadera pequeña revolución! A lo cerebral abstracto, le opone lo sensual y lo táctil. A la razón mesurada, la emoción y el abandono. Y al poder unilateral, el compartir y la fusión. Y en lo que crea se nutre de la esencia pura de todas las cosas para sumergirnos intensamente en lo íntimo. Es por eso que vos y yo vamos allá con todo nuestro ser, sin negarnos, sin retractarnos. Es de esta manera, colocando nuestra pequeña piedra en la edificación compleja de nuevas relaciones de hombres y mujeres que el tango puede engendrar. En el seno de su proceso, no queremos refugiarnos en un sistema de sustitución con sus sorprendentes "facilidades" y su abanico de pretextos que no se sostienen en pie. Porque no queremos pasar al lado de lo esencial. No queremos pasar al lado del tango mismo. Queremos, al contrario, que gracias a esta fusión sensual y emocional, sea el tango quien gane la partida.

Algunos bailarán eternamente de este modo – como otros vivirán eternamente de este modo – es decir, mirando sus pies, prescindiendo del abrazo, alejándose o evitándose uno al otro, con un espacio vacío entre ellos y una máscara de cera sobre sus corazones. Se refugiarán en un modelo que los protegerá de sus sensaciones interiores, aunque éstas sean las más nobles. A menos que lo hagan para protegerse de las más oscuras, incluso de las más vergonzosas…
Pero, a través de este desvío de los sentidos, es el tango mismo el que se rechaza, es toda la noción de pareja la que se pierde, la que se anula, la que se muere, y es, al final, toda la milonga la que sigue sus pasos, perdiendo su sol y su fuego.

Entonces por esencia, por preocupación de la medida justa, o por una selección natural intrínseca a las relaciones humanas, el tango no fue verdaderamente hecho para todo el mundo… Claro que resulta más cómodo guardar distancia, ¡como en la vida, pues! Nos arriesgamos mucho menos al no caminar uno tras otro y aún menos al no entregarnos a nuestro mundo vibrante interior de sensaciones intensas, porque cada ejercicio físico que tiene como única intención ocupar el espacio – incluso con mucha habilidad – jamás emocionó a nadie, excepto ciertos atletas en los juegos olímpicos, posiblemente. Pero seguir "la pista del abrazo", para repetir la metáfora famosa de *Benzecry Sabá*, ya es renunciar a la exhibición para entrar en lo íntimo.

Sea en las orillas pantanosas del Rio de la Plata, en los arrabales de Buenos Aires o en Montevideo, el tango parece haberse construido en la dolorosa sensación del vacío, o por lo menos, en el peso de la soledad, en la nostalgia de las raíces perdidas y en la dificultad del exilio. Se desarrolló en el corazón de un mestizaje entre negros y blancos y surgió de una necesidad de renacimiento. Representó un verdadero ritual iniciático, rico de intercambios, y una válvula muy creativa para los que buscaban un consuelo. Ahí reside el poder y la ventaja de la falta que construyó este Nuevo Mundo. Y no sólo lo construyó: sino que también lo hizo nacer bailando sobre los latidos y sobre las pulsiones íntimas, mucho más que sobre nuestra razón o nuestras ideas. Ahí reside también su aspecto menos occidental, el más "negro". El tango argentino es a la vez música y baile, corazón y cuerpo. Echa raíces en el suelo plantado en el suelo y se vive en el calor de seres que se fusionan. Es por eso que es primero una llamada a las emociones y a compartir sentimientos complejos entre dos almas gemelas. Reducirlo a una construcción puramente técnica en el espacio – cualquiera sea el nivel de aprendizaje – sería devastador. Sería, más o menos, como aprender a esquiar ignorando de antemano el terreno resbaladizo y la pista enceguecedora. ¡No quitamos la nieve para mantenernos en pie! Nos adaptamos a ella paso a paso, en un caminar que lentamente se dibuja en el espacio. En el tango, la técnica de ese saber debe ir dándose a medida que la emoción y el deseo se expresan y no a la inversa. Sentir primero a donde vamos y lo que se quiere expresar forma la base de toda la construcción. Es, pues, ante todo un cuestionamiento sobre sí antes de ser un ejercicio corporal. No es tampoco un deporte, pero sí se convirtió en un arte…

En toda disciplina, los buenos técnicos no se hacen necesariamente buenos artistas, pero los buenos artistas siempre van adquiriendo, paso a paso, los medios útiles para la expresión de sus emociones, que les piden evolucionar sin cesar. Es éste el camino que quiero tomar. Éste viaje en el tango se parece en todo aspecto al que me llevó hacia la música y el teatro.

Me va a hacer falta tiempo para bailar el tango como todavía me va a hacer falta tiempo para vivir. El tiempo es un enemigo del resultado inmediato. Tener resultados inmediatos y "sobre todo visibles" me daría la mala impresión de querer que algo sea "pago", que todo sea rentable, para otorgar una imagen aceptable a los ojos de la gente, en vez de profundizar mi sensibilidad en un cuestionamiento desestabilizador, pero… tan saludable. No me acuerdo quien decía que "lo que cuenta no es la parte de tango en nuestra vida, sino la parte de vida en nuestro tango." He aquí una hermosa conclusión. Nos recuerda que toda construcción humana vale verdaderamente sólo por sus facultades para emocionarnos, para hacernos crecer y para unirnos. Por otra parte, un mundo hecho de imágenes engatusadoras y de representaciones frívolas o egocéntricas no sería otra cosa que solo un mundo en venta…

Sea como sea, a pesar de las diferencias que nos distinguen y a veces nos dividen, quiero navegar hacia esta isla de la primera o de la última posibilidad. Y quiero ir allá con vos, mi Alma Gemela de aquí o por otra parte, para anclarnos juntos sobre esta tierra prometida como lo hicieron estos emigrantes de otro tiempo, amontonados sobre barcos llenos de sueños. Quisiera que fuéramos juntos allá, para vivir en paz hermosas rebanadas de vida, por lo menos el tiempo de algunas tandas apasionadas y sensibles. Por más raros habitantes que seamos, sería como una "reserva protegida al estilo argentino", un lugar de vida donde nuestra naturaleza profunda desplegaría por fin sus derechos, sin miedo y sin reproche.

Mini léxico útil:

Tanda: Serie de 3 o 4 bailes del mismo estilo y el mismo ritmo, o tocados por la misma orquesta y separados entre ellas por una pausa (cortina)

Milonga: "El evento", "la noche", el lugar donde se baila el tango argentino (bailado en un ritmo binario, rápido y juguetón, a veces también un poco lento)

Jorge Luis Borges: escritor, poeta argentino (Buenos Aires 1899 – Ginebra 1986).

María Nieves Rego: bailarina, nacida en Buenos Aires en 1934, pareja histórica de Juan Carlos Copes.

Benzecry Sabá: periodista, escritor, profesor de tango. "La pista del abrazo"- Ed. Abrazos, 2007.

Gilada: Grupo de tontos, muchos "giles".

Tangueros: Personas profundamente apasionadas por todo lo que concierne al tango, su historia, su música o sus letras.

Prácticas: Lugar donde se viene regularmente a "practicar" el tango, intercambiar y probar nuestros conocimientos al respecto.

Musicalizador: Persona que pasa la música (CD, discos, etc.) cuando no hay una orquesta.

Cabeceo: Designa la manera tradicional, delicada y discreta de invitar un compañero o compañero a bailar: primero con una mirada, luego por un movimiento de la cabeza... si la mirada es sostenida en señal de aceptación.

Rubato: Libertad de interpretación en el ritmo, tipo de retraso provocado en la frase melódica, que se recupera en las pulsaciones siguientes.

Del mismo autor, ediciones Bod Paris,

Journal d'un pigeon voyageur
Novela

Des vendredis dans la tête
Novela

Et si c'était nous
Ensayo

Souvenirs d'un coin du monde
Cuento

Bid Bang!
Teatro

Le don de l'invisible
Teatro

Histoire de Monsieur Bertrand
Cuento Ilustrado

Tango pourpre
Ficción Contemporánea

Katzen
Novela

Éditeur : Bod-Books on demand
12/14 rond-point des Champs Élysées,
75008 Paris, France

Impression : Bod-Books on demand
Norderstedt, Allemagne

ISBN : 9782322132164
Dépôt légal : décembre 2016

www.ingramcontent.com/pod-product-compliance
Lightning Source LLC
Chambersburg PA
CBHW030454220526
45464CB00006B/2526